AF613369

L5h 244

SOUVENIRS

DE

CONSTANTINE.

Imprimerie de Cosse et G.-Laguionie,
rue Christine, 2.

SOUVENIRS

DE L'EXPÉDITION

DE CONSTANTINE

EN 1837,

OU

PRÉCIS DES OPÉRATIONS MILITAIRES QUI ONT PRÉCÉDÉ
LA PRISE DE CETTE VILLE.

PAR UN OFFICIER DE L'ARMÉE.

... Narrare domestica facta...

PARIS,
GAULTIER-LAGUIONIE, IMPRIMEUR,
Libraire du Prince Royal
POUR L'ART MILITAIRE,
rue et passage Dauphine, 36.

1838.

SOUVENIRS

DE CONSTANTINE.

CHAPITRE Ier.

Considérations générales. — Organisation de l'armée expéditionnaire. — Sa marche sur Constantine. — Son arrivée sous les murs de la place.

—

Je vais raconter d'une manière succincte l'expédition de Constantine que j'ai vue, et les belles actions auxquelles elle a donné lieu, dont j'ai été témoin, et dont le souvenir m'a paru digne d'être conservé. Je n'ai d'autre prétention que celle d'être vrai, d'autre but que celui de fournir à ceux qui voudront un jour écrire une histoire un peu sérieuse de nos guerres d'Afrique, quelques matériaux que je me suis borné à réunir, quelques pages écrites à la hâte, et dont je fais hommage à mes frères d'armes.

A une époque où le parfait équilibre de tous les pouvoirs, et la jalouse susceptibilité de tous les intérêts, rend si rares les grands événements, l'expédition de Constantine a eu quelque retentissement. C'est depuis la chute de l'empire l'épisode le plus remarquable de nos guerres, et c'est aussi l'acte le plus important, le plus significatif de notre domination en Afrique. Depuis cette conquête la question d'Afrique s'est présentée sous une face nouvelle, et le gouvernement s'est franchement décidé à entrer dans une voie de sacrifices, qui doivent bientôt avoir pour résultat, ou de réaliser dans un avenir très prochain les espérances que la France a fondées sur sa colonie, ou de dissiper ses illusions, faire reconnaître l'inutilité de ses efforts, et mettre un terme à la prodigalité avec laquelle elle répand dans ce pays, ses trésors, et le sang de ses soldats.

La pensée de la conquête de Constantine date de loin : à une époque où l'horizon politique était encore gros d'orages, Casimir Périer l'avait adoptée pour seconder de nobles et impatientes ambitions, ou conçue pour consolider la dynastie en appuyant le trône sur l'armée, et en donnant à l'héritier de la couronne la popularité militaire qui entoure toujours les princes, quand ils obtiennent à la tête des armées d'éclatants succès. Le maréchal Clauzel en avait fait plus tard comme le pivot d'un système d'invasion et d'occupation, tracé sur une grande échelle, et dont la mise à exécution devait, selon lui, asseoir d'une manière durable notre puissance en Afrique. Mais les moyens étaient peu en rapport avec les projets. Quand les combinaisons du maréchal eurent échoué, et que la France eut subi l'humiliation de voir ses soldats repoussés devant une place africaine, ce qui n'était qu'une conception politique ou militaire devint une exigence d'honneur national, qu'il fallut satisfaire à tout prix.

La question en était réduite à ces termes; en 1837 nos intérêts nous conseillaient la paix. Les instructions données par le gouvernement au gouverneur général pouvaient se résumer en ces mots. « La paix jusqu'au dernier moment, « la paix plutôt que la guerre; la paix aux con- « ditions déja proposées, si Ahmed-Bey refuse « d'y souscrire, alors la prise de Constantine de « vive force, à quelque prix que ce soit. » Des négociations avec Ahmed-Bey furent entamées, rompues, reprises; mais ce Turc astucieux ne voulait que gagner du temps. L'on se décida enfin à marcher sur Constantine. Une armée de près de 10,000 hommes, et 1200 chevaux avec trente-six bouches à feu tant de siége que de bataille, et un matériel considérable s'organisa au camp de Majaz-Ammar, sur la Seybouse à 22 lieues de Bône et sur la route de Constantine. D'immenses approvisionnements de guerre et de bouche furent réunis sur le même point. Le lieutenant général de Damrémont, gouverneur général des possessions françaises dans le nord de l'Afrique, fut nommé général en chef, et le maréchal de camp de Perregaux, major-général. Le commandement des quatre brigades dont l'armée se composait fut confié à M. le duc de Nemours, et à MM. les maréchaux de camp Trézel, Rulhières et Bro. Ce dernier n'ayant pas rejoint son poste fut remplacé plus tard dans son commandement par le colonel Combes.

Le commandement en chef de l'artillerie fut confié à M. le lieutenant général Valée, et celui du génie à M. le lieutenant général Rohault de Fleury. Ils avaient sous leurs ordres, le premier le général Caraman, le second le général Lamy, chargés du commandement en second de ces deux armes.

La cavalerie de l'armée se composait, du 3e chasseur d'Afrique, de 2 escadrons du 1er *idem*, et des spahis réguliers ou irréguliers de Bône.

L'infanterie, de 1 bataillon de zouaves et 1 bataillon de la légion étrangère, 1 bataillon de tirailleurs d'Afrique, 1 bataillon turc, et le 3e bataillon d'infanterie légère d'Afrique, 1 bataillon du 2e léger, 1 du 11e de ligne, 1 du 26e de ligne, 2 du 17e léger, 3 du 47e et 3 du 23e de ligne.

Le 12e de ligne était aussi destiné à faire partie de l'armée expéditionnaire, mais le choléra s'étant déclaré dans ce régiment, on l'avait mis en quarantaine à Bône.

Plusieurs batteries d'artillerie, plusieurs compagnies du génie, étaient attachées à l'armée expéditionnaire. Une immense suite de voitures de ces deux armes et de l'administration, devait transporter le matériel, et les vivres qui lui seraient nécessaires

Un nombreux état-major était aussi attaché à l'armée. Plusieurs officiers de tous les grades et de toutes les armes avaient sollicité l'honneur de marcher avec elle; quelques officiers anglais, allemands, suisses, italiens, prussiens, danois, étaient aussi venus grossir nos rangs, et nous offrir le tribut de leur expérience et de leur courage.

Depuis deux mois, tout se préparait à Majaz-Ammar, sous les yeux du gouverneur général lui-même. Ahmed-Bey, qui était venu le 21 septembre attaquer le camp, après avoir tenté pendant trois jours d'enlever nos positions, s'était retiré en perdant beaucoup de monde. M. Le duc de Nemours, tous les généraux et les officiers attachés à l'armée, étaient venus la rejoindre.

Elle devait avoir pour 24 jours de vivres, dont les soldats porteraient la moitié, et les voitures de l'administration l'autre moitié. L'expérience de l'année précédente conseilla également de prescrire à chaque homme de porter une petite provision de bois, car on n'en trouvait plus sur la route.

Enfin après avoir tout prévu, tout calculé, tout assuré, autant que faire se pouvait, le général en chef se décida à partir le 1er octobre. Au jour fixé, l'armée quitta Majaz-Ammar, pour se diriger sur Constantine: l'enthousiasme était à son comble, et officiers et soldats, tous marchaient avec joie et orgueil, à la conquête de cette terre promise que plusieurs d'entre eux devaient arroser de leur sang. C'est qu'il y avait là de la gloire à acquérir, et l'honneur de la France à venger!

L'avant-garde gravit sans difficulté le col de Raz-el-Akba, par le chemin tracé quelques jours avant par les soins de M. le général Lamy; mais à peine arrivait-elle sur les hauteurs, que le ciel si pur dans la matinée, commença à se couvrir de nuages, et la pluie à tomber. Les chemins rendus glissants, devinrent presque impraticables aux voitures de l'artillerie : il fallut toute une journée d'incroyables efforts pour les faire arriver sur le haut du col, et elles n'y furent toutes rendues que dans la soirée. On commença alors à faire de sérieuses réfléxions, et à songer à quelles difficultés l'on devait s'attendre, si ce lourd et immense convoi était surpris par les pluies dont la saison approchait, dans les fonds marécageux des vallées de l'Oued-Zenati, et du Boumerzoug, et attaqué par un ennemi, qui, peu de jours avant s'était montré si entreprenant. On sentit que le succès de l'expédition était un problème, dont la solution ne dépendait plus seulement de la valeur de nos troupes et des mesures suggérées par la prudence humaine, mais aussi du hasard, ou de la Providence.

On bivouaqua sur les hauteurs, et sur l'emplacement même qu'avaient occupé, quelques jours avant dans leur retraite, les bandes d'Ahmed-

Bey. La nuit fut humide et froide, et l'on avait peu de bois pour se réchauffer. On n'entendit pas parler de l'ennemi, dont la retraite précipitée, opérée quelques jours avant, ressemblait assez à une fuite.

Les premiers rayons d'un soleil d'automne vinrent le lendemain dissiper les brouillards et les nuages. Le ciel reprit sa sérénité, les vêtements des soldats se séchèrent et les chemins devinrent plus aisés. L'armée se remit en marche le 2 octobre aussi animée, aussi confiante que la veille.

L'avant-garde était précédée par les spahis, cavaliers légers du pays, qui lui servaient d'éclaireurs. Peu habiles dans les combats réguliers, ces troupes qu'il est impossible d'assujettir à une exacte discipline, sont excellentes pour éclairer la marche des colonnes. Montés sur des chevaux qu'il manient avec une incroyable dextérité, les spahis parcourent le pays et le fouillent dans tous les sens, gravissent sans peine les hauteurs les plus escarpées, voient et reconnaissent l'ennemi à de très grandes distances, s'en approchent, s'ils ont la certitude d'être soutenus, n'hésitent pas à s'engager avec lui, sans jamais se compromettre, et traversent audacieusement le pays qu'il occupe, et jusqu'à ses lignes.

On fut obligé dans cette journée de réparer les chemins enfoncés par les pluies, et l'armée, après avoir passé à gué l'Oued-Zénati, alla bivouaquer au marabou de Sidi-Tam-Tam, où déjà avait bivouaqué l'année précédente, l'armée commandée par le maréchal Clauzel. Le pays qu'on avait traversé ne paraissait point stérile, mais il n'y avait pas de bois, et l'on n'y remarquait que des chardons que les soldats cueillaient avec empressement pour faire du feu. La marche de l'armée ne fut pas plus inquiétée cette journée que la précédente, et l'on fut encore sans nouvelles de l'ennemi.

Deux scheiks des tribus d'Oued-Zénati vinrent faire leur soumission au gouverneur, et se plaignirent d'avoir été dépouillés par Ahmed-Bey. Les populations de ces contrées ont pour habitude de rendre toujours hommage au vainqueur du jour, et de lui offrir des présents, sauf à se joindre à ses ennemis, si la fortune lui devient contraire. Ceux-ci nous indiquèrent une maison remplie de paille, et cette découverte fut très utile pour la cavalerie.

La nuit fut belle, et la journée du 3 le ciel fut d'une pureté admirable. On suivit longtemps les bords de l'Oued-Zénati, qui décrit une courbe pleine de sinuosités, au fond d'une vallée étroite et encaissée. On remonta jusqu'à ses sources. Là seulement quelques vedettes ennemies furent aperçues sur les hauteurs ; mais elles n'attendirent pas nos éclaireurs et disparurent bientôt. Arrivée sur les sommités qui séparent la vallée de l'Oued-Zénati de celle du Boumerzoug, l'avant-garde découvrit une vaste étendue de pays. Quelques douars incendiés, quelques amas de paille auxquels venaient de mettre le feu des cavaliers qui s'éloignaient de toute la vitesse de leurs chevaux, attirèrent bientôt notre attention Un peloton de spahis d'abord, et tout le 3e régiment de chasseurs ensuite, s'élancèrent pour arrêter les fuyards, et éteindre l'incendie s'il en était encore temps. Mais la distance était grande, et le feu que favorisait un vent frais, consumait rapidement cette paille déja desséchée par les rayons d'un soleil brûlant. On put cependant en préserver une petite partie, mais il fut impossible d'atteindre un seul Arabe. Ces populations qui se retiraient à notre approche, incendiant leurs habitations, abandonnant les champs où étaient enfouis leurs blés, annonçaient une haine profonde, une résolution prise, une guerre à mort déclarée à la France et à ses soldats.

On s'arrêta le soir à Douar Ben-Hamlaouy, et l'armée bivouaqua sur les bords d'un ruisseau qui porte le même nom. On y découvrit quelques silhos pleins de paille et d'orge. On prit des mesures pour empêcher le gaspillage de ces provisions si précieuses. On ne pouvait plus espérer désormais que les Arabes nous en apporteraient, ou nous en abandonneraient, et il fallait se préparer à vivre avec ses propres ressources.

Le temps continuait à être favorable, toute apparence de pluie avait disparu : l'ennemi ne se montrait point, ou fuyait devant nous. L'armée marchait sans difficulté sous un ciel étincelant de lumière, et dans son impatience de joindre les Arabes, elle regrettait presque de voir qu'ils n'opposaient aucun obstacle à sa marche. La journée du 4, on découvrit à peu de distance de Douar Ben-Hamlaouy, et sur la gauche de la route qui mène à Constantine des ruines d'une ville romaine. Des amas de pierre, des inscriptions à moitié effacées par le temps, sont presque les seuls vestiges que la domination de Rome ait laissés dans ce pays; mais ces vestiges encore multipliés et imposants attestent la puissance et la majesté du maître.

On vit encore au loin dans cette journée, des vedettes qui fuyaient à notre approche, et des amas de paille incendiés par les habitants. Du reste, point d'armée, de camp, ni de soldats. Ce que nous redoutions le plus alors, ce que redoutaient aussi les chefs de l'armée, c'était que l'expédition ne devînt une promenade sans danger et sans gloire, que toute la population de Constantine n'eût abandonné la ville pour s'enfuir du côté du désert, en ne laissant à la valeur française que la triste et facile conquête d'un pays dévoré par l'incendie, et qu'il faudrait bientôt abandonner.

On bivouaqua le 4 à Mehris, à une petite distance des hauteurs du Sommah. On n'était plus qu'à cinq lieues de Constantine, et l'on devait apercevoir le lendemain cette ville dont la conquête était le but de tous nos vœux, de tous nos efforts. On redoublait de précautions dans l'établissement des bivouacs, à mesure qu'on en approchait. Dans cette nuit quelques coups de fusil furent échangés entre les sentinelles de nos avant-postes et des Arabes qui cherchaient à tromper leur vigilance. Un grenadier du 17e léger eut la jambe fracassée.

On se remit en marche le lendemain de bonne heure. On gravit les hauteurs du Sommah sans obstacle; on arriva au pied du monument de Constantin.

Ce fut alors dans l'armée un cri de joie universel. Je ne crois pas que l'armée d'Italie en découvrant les plaines fertiles de la Lombardie où elle devait trouver la gloire et l'abondance, les ait saluées avec plus de transport. Un magnifique spectacle s'offrait à nos regards : devant nous la vallée du Boumerzoug, des collines verdoyantes, des fermes éparses çà et là, enfin la ville de Constantine, qui se dessinait au loin avec sa base de granit moitié éclairée, moitié dans l'ombre; son bardo et tous ces marabouts blancs parsemés sur le penchant du Condiat-Athi; ses sveltes minarets dont la hardiesse contrastait avec la masse lourde et imposante des autres monuments.

Un peu sur la gauche, et sur les cimes des hauteurs qui séparent la vallée du Boumerzoug de celle du Rummel, un camp d'Arabes avec ses tentes, des cavaliers marchant dans toutes les directions, d'autres s'arrêtant pour nous observer. Plus loin encore, des douars auxquels on venait de mettre le feu, et la fumée de l'incendie s'élevant vers les cieux, comme un sacrifice offert par les Arabes au Dieu des croyants.

A côté de nous, le monument du Sommah, gigantesque débris de la grandeur de l'empire romain, destiné à conserver le souvenir des victoires de Constantin, et de la défaite des peuples de la Numidie.

Enfin, derrière nous l'armée avec sa longue file de voitures qui se déroulait dans la plaine comme un immense serpent, qui s'avance avec précaution et lenteur pour mieux saisir sa proie.

Les tirailleurs ennemis s'approchèrent de nous, et cherchèrent à inquiéter la marche de nos colonnes. On passa cependant le Boumerzoug; mais comme la nuit approchait, on bivouaqua à côté de ce cours d'eau. Le temps qui jusqu'alors avait été si favorable, changea un peu dans la nuit. Le ciel se couvrit de nuages, et quelques gouttes d'eau commencèrent à tomber. L'armée se mit en marche le lendemain à la pointe du jour : vers les neuf heures du matin, elle était arrivée au bas du plateau de Mansourah. Le général en chef, accompagné du prince et de plusieurs officiers d'état-major, prit les devants, et arriva le premier sur le plateau. A peine était-il en vue de la ville, qu'on vit arborer sur les remparts de la Casbah et les batteries des portes Babel-Jedid et Babel-Oued de grands pavillons rouges, et trois boulets de 24, partis de la Casbah et parfaitement ajustés, annoncèrent à l'armée que la ville, bien loin d'être abandonnée, se disposait à faire une vive résistance.

CHAPITRE II.

Position militaire de Constantine. — Investissement de la place. — Opérations du siége. — Mort du général Damrémont. — Assaut, prise et occupation de Constantine.

—

L'Oued-Rummel en coulant du sud au nord, après avoir reçu le Boumerzoug dans ses eaux, rencontre entre les plateaux de Mansourah et de Condiat-Athi, un immense rocher de granit d'une forme qui se rapproche de celle d'un triangle dont un des sommets serait dirigé vers les sources du fleuve. Forcé alors de s'engouffrer dans les profondeurs d'un ravin formé par la rencontre de ce rocher avec les masses qui servent de base au Mansourah, il prend l'aspect d'un torrent, change brusquement sa direction, forme des coudes en divers endroits, disparaît en certains autres sous une voûte énorme de granit, qu'il paraît avoir creusée lui-même en cherchant à se frayer un passage à travers tous ces obstacles, contourne dans sa course tortueuse, brusque et rapide, deux des côtés du triangle, et débouchant enfin dans une large vallée, reprend sa direction primitive, arrose des terres d'une admirable fertilité, et court, en décrivant plusieurs sinuosités, se jeter dans la mer Méditerranée.

C'est sur ce rocher triangulaire qu'est la ville de Constantine. Bâtie dans une position qu'on pourrait regarder comme inexpugnable, si une armée française n'avait prouvé le contraire, elle a le rocher pour escarpe, le Mansourah pour contrescarpe, le ravin du Rummel pour fossé. A en juger au coup d'œil, la distance des crêtes du Mansourah à la ville n'est pas moindre de huit cents mètres. Elle a quatre portes, dont une seule du côté du Mansourah, communique avec le plateau par un pont long et étroit, construit par les Romains à double rang d'arcades superposées. Cette porte, pratiquée dans un retour du rempart, ne s'aperçoit pas de dehors. Le passage du pont est défendu par une batterie casematée placée au-dessus de la porte, et par les batteries de la Casbah, plus hautes, et situées dans l'intérieur de la ville. Cette porte se nomme Bal-el-Cantara, ou porte du pont. Les trois autres sont du côté de Coudiat-Athi, et prennent les noms de Bab-el-Gebia ou porte du marché, Bab-el-Jedid et Bab-el-Oued. Toutes ces portes sont pratiquées dans le rentrant des remparts, et défendues par des batteries casematées construites dans des espèces de bastions qui font saillie sur l'enceinte; une autre petite batterie est placée à l'angle ouest de la ville. Toutes ces diverses batteries étaient garnies de cinquante-neuf pièces de canon de tout calibre. Il n'y avait point de fossé du côté de Coudiat-Athi. Le bey, qui en avait fait d'abord creuser un, l'avait ensuite fait combler lorsqu'on lui eut fait observer que cette défense, au lieu de lui être de quelque utilité, ne servirait qu'à favoriser les travaux de mine que les Français ne manqueraient pas d'entreprendre contre le rempart. Ceci prouvera combien nos ennemis étaient étrangers à l'art des fortifications. Et cependant je crois que dans cette circonstance un fossé n'aurait réellement servi qu'à faciliter les opérations du siége, car la brèche eût été bien plus aisément praticable, si les débris du mur, au lieu de s'amonceler et de former une rampe très raide au bas du rempart, où ils paralysaient en partie les effets de l'artillerie, avaient comblé le fossé, et laissé à découvert le pied de la muraille.

Le plateau de Coudiat-Athi qui fait face à la ville du côté opposé au Mansourah, en est plus rapproché, mais ne la domine point comme celui-ci. Le ravin du Rummel est un obstacle infranchissable entre le Mansourah et Constantine, tandis que la descente du Coudiat-Athy à la ville est courte et aisée. Le Mansourah est plus étendu et les différences de niveau sont nulles ou peu sensibles à sa surface : le Coudiat-Athi n'est qu'une suite de hauteurs qui se commandent et se défendent. Du Mansourah, les effets de l'artillerie sont peu redoutables pour la ville, soit à cause de la distance, qui nuit à la justesse et aux effets du tir, soit à cause de l'impossibilité de

2

pénétrer de ce côté dans Constantine. Il n'en est pas de même du Coudiat-Athi. Les batteries que l'on établirait sur ses crêtes les plus avancées, pourraient en peu de temps éteindre le feu de la place, et détruire ses défenses. Il devient alors possible d'établir entre la ville et le plateau, des batteries de brèche, et la brèche une fois pratiquée, de pénétrer par là dans la ville dont l'accès est facile de ce côté. Le front de Coudiat-Athi est le seul front attaquable de l'enceinte de Constantine.

L'avant-garde monta sur le Mansourah, et les troupes y prirent position en attendant l'arrivée du reste de l'armée. C'est au pied du plateau, près du petit Marabout de Sidi-Mabrough, que le général en chef et le prince établirent leur quartier général. En arrivant sur le plateau nos tirailleurs échangèrent plusieurs coups de fusil avec des kabaïles embusqués dans les jardins qui sont au bas du Mansourah, près du pont d'El-Cantara La place ouvrit bientôt son feu qui fut vif et bien dirigé. On remarqua surtout la précision avec laquelle étaient lancées les bombes qui partaient de ses batteries. Plusieurs fois nos troupes furent obligées de se déplacer pour n'être point exposées inutilement à ces projectiles qui ne firent du reste que fort peu de mal à l'armée.

Les deux premières brigades s'établirent du côté du Mansourah et au pied du plateau; les deux autres aux ordres du général Rulhières allèrent occuper la position de Coudiat-Athi. Il fut décidé que les contrebatteries et les batteries de brèche seraient de ce côté, et qu'il n'y en aurait qu'une seule du côté de Mansourah à l'extrémité la plus avancée du plateau, armée de pièces de 16 et destinée à prendre d'enfilade les défenses des portes Bab-el-Jedid et Bab-el-Oued. Elle prit le nom de batterie Royale.

Le même jour dans l'après midi, le temps qui avait jusque là favorisé la marche de l'armée changea, et la pluie commença à tomber en abondance. Cela n'empêcha point de pousser avec vigueur les travaux pendant la nuit. Le lendemain matin les hommes étaient presque à couvert dans la batterie royale, et le chemin pour y conduire les pièces était presque achevé. Sur le Coudiat-Athi, les troupes avaient profité de l'obscurité de la nuit pour construire de faibles retranchements avec des briques arrachées aux tombeaux qui se trouvent en grand nombre dans cet endroit. Cette enceinte peu redoutable, les protégeait cependant contre le feu de mousqueterie des kabaïles, et leur permettait de tirer avec avantage.

Le temps fut moins mauvais dans la matinée suivante, et les travaux du siége se continuèrent du côté de Mansourah. Les Arabes se montrèrent en grand nombre sur les crêtes des hauteurs qui séparent la vallée du Boumerzoug de celle du Rummel et sur les hauteurs de Sidi-Messid qui dominent le Mansourah. Pendant que sur les bords du Rummel des cavaliers venaient escarmoucher avec nos postes avancés, de nombreux partis de kabaïles attaquaient les troupes établies sur le Coudiat-Athi et cherchaient à enlever cette position, à la fois en la tournant par sa gauche, et en l'attaquant de front. Il s'engagea entre eux et nos troupes une fusillade extrêmement vive; mais les kabaïles repoussés de front par un feu des mieux nourris, et battus de revers par des pièces établies sur le Mansourah, prirent enfin la fuite et se dispersèrent.

Le gouverneur général se rendit dans la soirée à Coudiat-Athi avec le prince. L'emplacement des contre-batteries une fois déterminé, on travailla vigoureusement à les construire; mais la pluie abondante qui tomba dans la soirée, et pendant la nuit suivante, détrempa tellement les terres, qu'il devint impossible de continuer les travaux. Les chemins aussi devinrent impraticables à l'artillerie : il fallut renoncer à faire passer sur le Coudiat-Athi les pièces de 24, et celles que l'on essaya d'amener à la batterie royale furent, excepté une seule, culbutées dans le ravin. Les Zouaves furent chargés de les retirer. On ne put ouvrir le feu ce jour-là, et même la pluie qui continuait laissait peu d'espoir de faire passer les pièces le lendemain du côté de Coudiat-Athi. On se décida alors à faire du côté de Mansourah avec toute l'artillerie réunie une attaque qui amènerait peut-être la reddition de la ville.

Trois nouvelles batteries furent construites sur

ce plateau : la principale était à l'extrémité de gauche en regardant la ville, un peu au-dessus, en arrière, et à droite de la batterie royale. Elle fut armée avec du 24, du 16 et des obusiers de siége. La seconde, à droite, et un peu en avant de celle-ci, destinée à recevoir trois mortiers, fut construite dans un enfoncement, au pied de cet amas de terre qui est sur le bord du plateau, et qu'on nomme la redoute tunisienne. La troisième encore à droite de celle-ci, ne reçut que des obusiers et des pièces d'un moindre calibre. Elle était surtout destinée à battre les défenses du pont d'El-Cantara dont elle était le plus rapprochée. On parvint aussi à mettre en batterie sur le Coudiat-Athi deux obusiers de campagne, qu'on avait fait passer avec les brigades Rulhières et Combes.

Toutes ces batteries furent construites avec une merveilleuse rapidité, malgré les pluies qui retardaient nécessairement les travaux. Dans la matinée du 9 elles ouvrirent leur feu; la place n'y répondit que mollement d'abord, et elle cessa tout à fait de riposter lorsque les éclats de pierre que nos boulets faisaient voler dans ses batteries, rendirent le service des artilleurs fort dangereux. A la vivacité de notre tir, les Arabes n'opposaient plus qu'une résistance passive, une espèce de force d'inertie. Si leurs batteries se taisaient, leur pavillon n'en flottait pas moins sur les remparts, et leur feu recommençait dès que le nôtre avait cessé. Nos bombes, nos obus, desquels nous attendions des effets prompts et terribles, ne furent pas plus utiles. On ne put parvenir à incendier une seule maison, ni à démonter une seule pièce. Il fallut renoncer à une attaque dans laquelle nos munitions s'épuisaient presque en pure perte, et attendre que le temps nous permît de diriger nos efforts contre le front de Coudiat-Athi.

Mais le temps ne changeait point : l'eau tombait par torrents, les chemins devenaient plus mauvais, et pendant que les fourrages et les vivres diminuaient à vue d'œil, le nombre des malades augmentait dans une proportion rapide. D'un autre côté, les Arabes du dehors ne nous laissaient pas de repos. C'étaient à la vérité des attaques peu redoutables, mais qui ne laissaient pas que de fatiguer beaucoup les hommes, constamment occupés à travailler à la tranchée ou à repousser l'ennemi, mal nourris, et exposés au froid et à l'humidité des nuits. On travaillait cependant sans relâche à construire les batteries sur le Coudiat-Athi, malgré le feu de la place, et malgré les attaques continuelles des Kabaïles, qui venaient jusques au pied de nos retranchements.

On découvre de Coudiat-Athi toute la basse vallée du Rummel : là sont des jardins bien cultivés, de riantes maisons de campagne, des bois délicieux de grenadiers. A une demi-lieue du plateau occupé par nos troupes, on aperçoit une colline, et sur cette colline une ferme bien bâtie et agréablement située. C'est là que le bey avait transporté sa résidence, et c'est autour de cette maison que les Arabes avaient établi leur camp. Tous les habitants de la ville qui émigraient se rendaient aussi de ce côté, et chaque jour on voyait des groupes nombreux d'hommes et de femmes gravir les pentes qui y conduisent. C'est aussi de là que les Kabaïles qui venaient nous attaquer recevaient des ordres. Ainsi pendant que Ben-Aïssa donnait en ville l'impulsion à la défense, Ahmed-Bey dirigeait au dehors les efforts des assaillants. Dans la ville, les hommes travaillaient et combattaient, et les femmes, perchées sur les toits et les murs, les excitaient par leurs cris et leurs gestes. Aux heures accoutumées, c'est-à-dire à midi et à trois heures, le muphti montait sur le minaret de la principale mosquée, et entonnait la prière, que la population entière répétait avec ferveur et dans un profond recueillement.

On travailla dans la nuit du 9 au 10 à l'achèvement des batteries et du chemin qui devait servir à faire passer l'artillerie de Mansourah à Coudiat-Athi. Le 10 le temps fut variable, mais le soleil se montra pendant quelques heures et dessécha un peu les terres. On travailla sans interruption malgré le feu de la place. On parvint à transporter et à mettre en batterie quelques pièces de petit calibre. Pendant la nuit du 10 au 11 et dans la matinée suivante toute l'artillerie de siége fut transportée sur le Coudiat-Athi, après d'incroyables efforts. Il fallut atteler jusqu'à 38 chevaux par pièce; enfin on parvint à les amener toutes, près des batteries qui étaient achevées et ne demandaient plus qu'à être armées.

Tout était près vers midi, et le feu fut ouvert. Quoique la batterie de brèche fût à plus de 400 pas du rempart, on vit bientôt le mur s'ébranler et les maçonneries se désunir et se détacher. Le prince, les chefs de l'armée, et un grand nombre d'officiers étaient dans la batterie pour observer les coups. A peine cent quarante boulets avaient-ils été lancés par nos pièces que la brèche apparaissait. Ce fut alors dans la batterie un cri de joie, un battement de mains universel. Le succès n'était plus douteux. Chaque nouveau projectile faisait crouler une pierre ou un pan de muraille. Il fut décidé que pendant la nuit une nouvelle batterie serait construite à 200 pas en avant de celle qui existait déja, pour élargir la brèche et la rendre praticable.

Le gouverneur-général voulut aussi avant d'exposer la ville aux horreurs d'un assaut, tenter un dernier effort pour amener les habitants à capituler. Il fit rédiger en arabe une proclamation qu'il adressa aux notables, et dans laquelle il leur représentait les malheurs qui menaçaient leur ville s'ils ne se rendaient point, et leur promettait sur l'honneur et la religion du serment de faire respecter leur vie, leurs femmes et leurs propriétés s'ils consentaient à se rendre.

Quelques soldats du 3e bataillon léger d'Afrique, demandèrent eux-mêmes à porter cette proclamation ; mais on aima mieux en charger un Turc du bataillon turc aux ordres du colonel Duvivier. Il s'avança hardiment vers le rempart un mouchoir blanc à la main, et après avoir essuyé quelques décharges, qui heureusement ne l'atteignirent pas, il obtint d'être introduit dans la ville au moyen d'une corde qu'on lui jeta du haut du rempart. Il ne retourna que le lendemain.

La nuit fut moins triste que les précédentes. Les pluies avaient cessé, les batteries continuaient leur feu, et déja une large brèche ouverte à plus de 400 pas, annonçait que les murailles ne pouvaient plus offrir qu'une faible résistance. On sentit la confiance renaître dans toutes les âmes, on vit la joie briller sur tous les visages, et éclater jusque dans les propos des officiers et des soldats. C'étaient des félicitations, des étreintes de mains, des saillies gaies et spirituelles. La frayeur des Arabes, les hurlements des femmes, le sifflement des obus et des bombes, tout dans cette circonstance devenait un sujet de plaisanterie autour du feu des bivouacs. La veille, des bruits fâcheux de retraite avaient circulé dans l'armée. La timidité les avait fait accueillir, et la malveillance les avait propagés avec une effrayante rapidité; mais à cette heure tout était changé : au lieu de parler de retour, on ne comptait plus qu'avec impatience, ce qu'il faudrait de temps pour rendre la brèche praticable; l'idée de la victoire faisait battre tous les cœurs, faisait oublier toutes les peines, toutes les fatigues, tous les dangers.

Le 12, de très grand matin, le parlementaire fut de retour. Le divan s'était assemblé et avait délibéré sur la sommation faite par le général français. On n'avait point remis au parlementaire de réponse écrite, mais on l'avait chargé de répondre verbalement. « Qu'il y avait dans Con-« stantine beaucoup de provisions de guerre et de « bouche ; que si les Français n'en avaient plus, « les habitants leur en enverraient, qu'ils ne « savaient pas du reste, ce que c'était qu'une « brèche et une capitulation, mais qu'ils étaient « bien décidés à défendre à outrance leur ville « et leurs maisons, et que les Français ne seraient « maîtres dans Constantine que lorsqu'ils au-« raient égorgé jusqu'au dernier de ses défen-« seurs. » Cette réponse prouvait que la haine aveugle des Arabes contre les Français rendait tout arrangement impossible, et qu'il ne fallait plus compter que sur la force des armes pour vaincre une résistance aussi obstinée.

Le gouverneur général se rendit ce jour-là comme d'ordinaire sur le Coudiat-Athi, pour juger lui-même des progrès de l'attaque. Il était accompagné du prince, du général Perrégaux, et des officiers de son état-major. Le général Rulhières se joignit à eux. Tous ensemble descendirent de cheval et se dirigèrent vers la batterie de brèche. A quelques pas en arrière de cette batterie le gouverneur s'arrêta sur un point culminant d'où l'on pouvait voir à découvert la place et le pied de la brèche, mais où l'on était aussi exposé au feu de l'artillerie ennemie. Il y était depuis quelques instants, observant la brèche avec sa lunette, lorsqu'un boulet de 8 parti d'une des batteries de la place vint le frapper au milieu de la poitrine. Il tomba aussitôt en arrière, raide mort, sans avoir le temps de prononcer une seule parole.

Ainsi périt encore dans la force de l'âge, et au moment de jouir d'un triomphe qu'il avait préparé par ses efforts, et son dévouement, le général en chef de l'expédition. Trop heureux, et trop malheureux à la fois, de mourir avec gloire comme Turenne, en servant son pays, et de mourir avant d'avoir pu voir le drapeau français flotter sur les murs de Constantine. Mais comment se fait-il que pendant que sa mort excitait dans l'armée et en France d'universels regrets, on ait cherché à flétrir sa mémoire par d'odieuses calomnies? que pendant qu'une pensée vraiment royale lui décernait les honneurs des invalides, et d'une statue dans le musée de Versailles, ses aides-de-camp fussent obligés de mendier à Constantine quelques planches pour lui faire un cercueil? L'historien qui ne partage ni les mesquines passions des individus, ni les aveugles préventions de la foule, doit être plus juste, et faire au général Damrémont une large part dans la gloire d'un succès auquel personne n'a plus puissamment contribué, et qui honorera toujours son nom et son pays.

Et vous aussi, brave général Perrégaux, vous fûtes frappé à mort en vous penchant sur le corps inanimé de votre chef et de votre ami. La douleur que vous ressentiez d'une perte aussi cruelle, était si grande, qu'elle absorbait chez vous tout autre sentiment, même celui de votre conservation ; vous refusiez de croire à la gravité d'une blessure dont les suites si déplorables pour votre famille et pour l'armée, devaient vous réunir pour toujours à celui que vous pleuriez si amèrement ; mais c'était votre destinée à tous les deux. Après avoir vécu ensemble une vie trop courte et si pleine, après avoir tout partagé, travaux, dangers, honneurs, la mort devait vous frapper presque au même instant et du même coup, et vous ensevelir dans le même triomphe. Pourquoi la France ne vous a-t-elle pas couverts du même linceul et déposés dans la même tombe ? Mais réjouissez-vous ombres illustres, l'histoire a elle aussi son Panthéon, et vous y obtiendrez l'un à côté de l'autre une place qu'il n'est au pouvoir des hommes ni d'accorder ni de ravir (1).

---

(1) C'est en se penchant sur le corps du général Damrémont qui venait d'être frappé à mort, que le général Perrégaux fut à son tour frappé d'une balle qui l'atteignit à la naissance du nez entre les deux yeux. Je fus un des premiers à le soutenir, et comme nous voulions l'emmener à l'ambulance établie à quelques pas de

C'est à ses côtés, que le prince vit tomber le général en chef, car depuis le départ de l'armée il l'avait toujours accompagné là où il y avait eu quelque danger à braver, quelque succès à assurer. Il fut profondément touché de sa mort, et cette douleur si vraie honore son caractère, autant que cette bravoure sans ostentation, et cette intrépidité froide et naturelle, dont il a tant de fois donné l'exemple dans cette campagne.

Il y eut aussi dans l'armée, lorsque cette triste nouvelle se répandit, un sentiment général d'étonnement et d'indignation. On se promit de tirer vengeance de cette mort ; il n'y eut ni découragement ni confusion. Le commandement de l'armée revenait de droit au général Valée. Homme d'expérience et de haute capacité, vieilli dans les batailles et les siéges, le général Valée était un des débris de nos vieilles armées, un de ces élèves de l'empire à traditions glorieuses, et qui deviennent tous les jours plus rares. Il avait alors vingt-sept ans de grade, et avait consenti à venir en Afrique commander l'artillerie de l'armée expéditionnaire. Tant de dévouement et d'abnégation devaient recevoir leur prix. La fortune qui a voulu qu'à la mort du général Dam-

---

là : « Ce n'est rien, me dit-il, et ma blessure est fort légère ; retournez auprès de M. le gouverneur. » Il voulut continuer ses fonctions malgré l'avis de M. le docteur Baudens qui lui prescrivait le repos.

rémont, il se trouvât dans l'armée un homme capable de le remplacer dignement, avait réservé à cet homme la gloire de terminer d'une manière éclatante une entreprise aussi hardie, et de conquérir le bâton de maréchal avec le titre de vainqueur de Constantine.

Le feu des batteries combinées, foudroya la ville dans la journée du 12. Pendant que les pièces de gros calibre élargissaient la brèche, les pièces de campagne écrêtaient les créneaux d'où partait une fusillade meurtrière, et les bombes et les obus ruinaient les édifices, et portaient partout l'effroi et la mort. Le feu de la place avait cessé, et un silence morne régnait dans la ville. On n'entendit point ce jour-là ces mille voix qui entonnaient la prière aux heures accoutumées. Les Arabes alarmés de nos progrès, s'attendant à voir à chaque instant nos colonnes s'élancer sur la brèche, méditaient un effort désespéré, duquel plusieurs d'entre eux attendaient encore leur salut. Effort inutile, qui sans les sauver devait coûter la vie à un grand nombre de Fançais!

Ahmed-Bey avait eu avis dans son camp de l'envoi de notre parlementaire, et soit qu'il eût enfin ouvert les yeux sur tout le danger de sa position, soit qu'il ne voulût que gagner du temps comme il avait fait jusqu'alors, il écrivit au général en chef pour lui dire que s'il désirait sincèrement la paix comme sa démarche paraissait le prouver, il suspendît les hostilités pendant vingt-quatre heures, et qu'il lui enverrait alors un chargé de pouvoirs pour en régler les conditions. Le général Valée lui fit répondre, que les Français ne traiteraient plus que dans Constantine.

Un ordre du jour fixa l'assaut pour le lendemain matin, à quatre heures. En attendant, les batteries continuèrent à tirer à des intervalles inégaux, pour empêcher l'ennemi de se retrancher derrière la brèche, diminuer la pente des terres, et augmenter encore la terreur des habitants. Le temps s'était entièrement rétabli dans la soirée, et le ciel était calme et pur; on n'entendait autour de Constantine que le bruissement des eaux du Rummel, et, parfois, le bruit du canon et le lugubre fracas des bâtiments qui s'écroulaient: de part et d'autre, dans le silence de la nuit, on se préparait au combat du lendemain.

Il était trois heures, lorsque deux officiers accompagnés de quelques soldats, furent envoyés pour explorer la brèche, reconnaître si elle était praticable et si l'on pouvait par là pénétrer dans la ville; la lune naissante jetait son pâle reflet sur les remparts. Ils se glissèrent doucement dans l'ombre jusqu'au pied de la brèche; mais, arrivés là, ils ne purent tromper la vigilance des défenseurs; l'alarme fut donnée, on crut en ville que nos troupes montaient à l'assaut.

Constantine nous apparut aussitôt comme éclairée pour une fête. Chaque fenêtre, chaque ouverture devint un créneau d'où jaillirent de rapides éclairs qui se succédaient sans interruption. Une détonation subite et désordonnée d'armes à feu se fit entendre de tous côtés. Bientôt, le feu de nos batteries jusque là languissant se ranima aussi et acquit une vivacité redoutable. On vit l'obus et la bombe décrire dans les airs de longs sillons de feu, et faire voler en éclats les combles et les toitures. Les ténèbres de la nuit ajoutaient encore à la terrible majesté de ce tableau, dont aucune description ne saurait donner une juste idée.

Cette fusillade si vive et si bien nourrie dura plus d'une demi-heure; alors seulement, les Arabes s'aperçurent de leur méprise, et cessèrent de tirer sur un ennemi qui ripostait à leur mousqueterie par un feu d'artillerie autrement redoutable et bien dirigé.

Les officiers envoyés pour reconnaître la brèche étaient de retour. Au milieu de cet épouvantable tumulte, il leur avait été impossible de bien examiner les lieux, mais ils croyaient la brèche entièrement praticable.

Il fallut renoncer à donner l'assaut pendant la nuit. Puisqu'on ne pouvait espérer de surprendre un ennemi aussi vigilant, mieux valait attendre le jour, que de pénétrer dans l'obscurité au milieu d'une ville qu'on ne connaissait pas, et dont les rues étroites et tortueuses favorisent si bien la défense. Trois colonnes d'attaque furent formées; le commandement en fut confié au lieutenant-colonel Lamoricière, et aux colonels Combes et Corbin. M. le duc de Nemours commandant le siége, fut chargé de diriger ces colonnes sur la brèche.

Le signal fut enfin donné vers les sept heures du matin. Au bruit du tambour, au son de toutes les musiques de l'armée, la première colonne composée de Zouaves et de quelques compagnies du 2e léger, et commandée par le brave Lamoricière, franchit rapidement l'intervalle qui séparait la batterie de brèche du rempart, et s'élança sur la brèche aux cris mille fois répétés de *vive le roi!* Notre drapeau flotta sur la brèche; mais, arrivés là, nos soldats furent arrêtés par un obstacle auquel on ne s'attendait pas. Le mur avait du côté de la ville une élévation qu'on n'avait ni vue, ni calculée, il fallut faire porter des échelles, et, pendant ce temps nos troupes réunies sur la brèche étaient exposées sans défense à un feu meurtrier. Les échelles arrivèrent enfin, on se hâta de descendre: quelques soldats se répandirent dans les batteries de l'ennemi et tuèrent ou chassèrent tous ceux qu'ils trouvèrent. Les sapeurs du génie, qui précédaient la colonne travaillèrent si bien, malgré le feu terrible qu'on dirigeait sur eux de toutes les maisons qui avoisinaient la brèche, qu'ils eurent en peu d'instants frayé une route à nos troupes; mais, à peine la plus grande partie de la colonne se fut-elle engagée dans l'étroite issue qui venait d'être pratiquée, et qui conduisait en ville, qu'une terrible explosion fit sauter tous les édifices dans un rayon d'environ seize mètres. Un grand nombre de soldats, quelques officiers, restèrent ensevelis sous ces décombres fumants et ensanglantés; un bien plus grand nombre encore, furent blessés par les débris que la violence de l'explosion projeta au loin, ou brulés par la flamme et la chaleur que développa son foyer. Au nombre des premiers, on eut à déplorer le chef de bataillon de Sérigny, du 2e léger. On remarqua parmi les autres le colonel Lamoricière, le chef de bataillon Vieux, les capitaines Richepance, Leblanc, et plusieurs autres dont je regrette de ne pouvoir citer les noms.

Cette multitude de blessés retourna en toute hâte à la batterie de brèche, poursuivie par le plomb meurtrier des Arabes; et là, ce fut un hideux spectacle que de voir ces malheureux entièrement défigurés, les sourcils et les paupières brûlés, le visage noirci, les chairs en lambeaux, et le corps couvert de poussière et de sang, les uns avec leurs vêtements brûlés et déchirés, les autres presque entièrement nus, parce qu'ils s'étaient débarrassés de leurs habits auxquels le feu avait pris. Ces malheureux ne proféraient ni un gémissement ni une plainte; ils demandaient l'ambulance, et s'y rendaient les uns après les autres.

On n'a jamais pu connaître d'une manière certaine, à quoi on doit attribuer cette déplorable catastrophe. On disait alors que l'imprudence de quelques sapeurs du génie qui portaient des sacs à poudre à découvert, à l'endroit où la fusillade était le plus vive, en avait été la seule cause. Le feu avait pris à cette poudre et une conflagration soudaine s'en était suivie; mais cette explication ne saurait être admise par ceux qui ont quelques notions sur la force expansive de la poudre, et qui savent bien qu'en aussi petite quantité, et à l'air ouvert, elle ne peut produire d'aussi terribles effets. Il y a bien plutôt lieu de croire que le feu a été mis par les Arabes, à un magasin à poudre qui se trouvait là, ou à une mine préparée d'avance et qu'on a fait jouer au moment où nos troupes entraient en ville.

Ce qui restait de la première colonne, entra dans la ville, et se répandit dans les rues, et dans les maisons, où chaque soldat eut à combattre corps à corps avec un ennemi. La seconde colonne s'élança alors à son tour sur la brèche, et vint appuyer la première. Les Arabes se défendirent avec courage; ils disputèrent le terrain pied à pied, et embusqués dans les maisons ils firent pleuvoir sur nos soldats une grêle de balles; mais la ville etait envahie de tous côtés. Nos troupes enhardies par le succès, encouragées par la voix et l'exemple de leurs chefs, faisaient des prodiges de valeur. Partout où elles paraissaient l'ennemi était massacré ou mis en fuite. Plus la résistance était désespérée, et plus elle devenait inutile.

Une heure après, quand la troisième colonne entra en ville, la fusillade ne se continuait que faiblement, et l'on n'entendait plus de bruit au dehors; la guerre avait décidé du sort de Constantine.

A dix heures le drapeau tricolore flottait à la place de celui d'Ahmed-Bey sur les batteries de l'enceinte. On le vit bientôt s'élever sur la Casbah de Constantine, et la foule se précipita irritée et maîtresse dans cette ville dont chaque habitant était naguère un ennemi de la France.

A 11 heures, une députation composée des notables, et conduite par le Scheick-El-Beled, premier magistrat de la ville, vint suppliante à la batterie de brèche implorer la clémence des chefs de l'armée, et leur offrir l'hommage d'une soumission arrachée par la force.

Je n'ai pas entendu dire, qu'au milieu du désordre et de la confusion, toujours inséparables d'une action aussi vive et aussi meurtrière, une seule atrocité ait été commise par nos soldats. Plus la victoire avait été éclatante, plus le vainqueur se montra modéré et généreux. Ces vieillards, ces femmes, ces enfants, toute cette population, qui attendait dans d'inexprimables angoisses le sort qu'on lui réservait, quelques heures après, revenue de sa terreur, étonnée de notre modération, et de la sécurité de la liberté dont elle jouissait, nous vit avec indifférence et presque avec plaisir prendre possession de notre conquête, et d'une souveraineté dont l'exercice commençait au milieu des horreurs de la guerre, d'une manière aussi douce et aussi paisible.

CHAPITRE III.

Traits de dévoûment. — Occupation de Constantine. — Résultats de l'expédition et son influence sur l'avenir de nos possessions du nord de l'Afrique. — Considérations sur l'Algérie. Quel serait le système à adopter pour mettre un terme à tous les sacrifices qu'entraîne l'occupation.

—

Le but était atteint, mais la victoire avait coûté cher. Les rues, les maisons, étaient encombrées de morts et de blessés; et quand l'ivresse du succès devant laquelle tout s'efface, fut en partie dissipée, quand on en vint à dénombrer les victimes, chacun fut douloureusement surpris de l'énormité de nos pertes. On se hâta d'organiser des hôpitaux et de donner aux blessés de prompts secours; on rendit aussi aux morts les derniers devoirs, et quelques jours après l'ordre le plus parfait était rétabli dans Constantine.

Une foule de traits de dévoûment et de courage avaient honoré l'armée: le général Perrégaux blessé à mort, et ne vivant plus que de cette vie morale qui fait trouver dans la grandeur même des sacrifices la force de les accomplir, avait voulu jusqu'au bout remplir ses fonctions de major général, et devait périr quelque temps après victime de son zèle. Le colonel Combes, la poitrine traversée de deux balles, venait avec un visage serein, le sourire sur les lèvres et la mort dans le cœur, annoncer au prince que la ville était en notre pouvoir, et se féliciter d'avoir pu par le sacrifice de sa vie contribuer à un aussi beau succès (1). Le colonel Lamoricière brûlé par l'explosion, et emporté malgré lui dans les bras de ses soldats, voulait à tout prix retourner sur la brèche, et ne consentait enfin à se retirer que lorsque par un ingénieux mensonge on lui eut persuadé que la ville était en notre pouvoir. Le capitaine Leblanc atteint d'une balle au genou et blessé en plusieurs endroits par l'explosion, ne cessait de combattre que lorsque la victoire n'é-

---

(1) Quelque temps après que la 2e colonne fut montée à l'assaut, le colonel Combes retourna à la batterie de brèche, et s'adressant au prince d'un air satisfait et respectueux, lui parla en ces termes : « Je suis heureux d'annoncer le premier à V. A. R. que la ville est en notre pouvoir. Quelques kabaïles font encore une résistance désespérée, mais nos troupes gagnent partout du terrain, et nous serons bientôt tout-à-fait maîtres. Je me félicite aussi d'avoir pu faire quelque chose pour le service du Roi, et pour celui de V. A. R. Ceux qui ne sont pas blessés mortellement jouiront de ce succès ». Il se retira en disant ces mots, et nous qui l'avions écouté avec empressement, nous fûmes surpris de voir qu'il avait le corps traversé de deux balles. M. le duc de Nemours s'empressa d'envoyer au colonel Combes son chirurgien pour le panser. Soins inutiles ! 48 heures après il était mort.

tait plus indécise, et payait de sa vie l'honneur d'y avoir contribué. Le capitaine Garderens après avoir planté le drapeau sur la brèche s'en retournait l'épaule fracassée, mais satisfait et fier de sa blessure. J'ai été le témoin de tous ces traits et de bien d'autres encore, et alors je me suis rappelé avec orgueil que j'étais soldat, et que j'étais français.

Je voudrais pouvoir ici retracer tout ce qui s'est fait de grand et de remarquable dans cette mémorable journée du 13 octobre. Il y eut dans tous les rangs des héros et des victimes. Le sang du général et de l'officier avait indiqué au soldat le chemin de la victoire, et le soldat s'y précipitait et y versait le sien à son tour. Le général Valée avait été sublime d'énergie et d'audace; le prince avait montré au plus haut degré ce sang-froid, ce mépris du danger, cette calme impassibilité, qui ne sont presque toujours que le fruit d'une longue expérience, et qui sont les premières vertus des grands capitaines. Les officiers et les soldats avaient révalisé d'intelligence et d'ardeur pendant l'action, d'humanité et de générosité après la victoire.

Mais il faut être juste envers tout le monde. Ce n'est point dans nos rangs seulement que de tels exemples sont à citer, et nos ennemis peuvent à juste titre en revendiquer leur part.

L'histoire de tous les temps offre-t-elle un plus héroïque dévoûment que celui de ce Caïd Addar, qui, après avoir jusqu'au dernier moment défendu son pays contre nous, se tua de sa propre main pour ne pas voir l'étranger maître dans Constantine? Quel aveugle, mais aussi quel sublime courage, que celui qui dictait au divan, la veille de l'assaut, sa réponse au général français, et lui inspirait cette énergique résolution de continuer la guerre jusqu'à la dernière extremité, et de défendre, lorsque ses remparts seraient pris, ses rues, ses maisons et ses temples! Quel instinct religieux et quelle guerrière audace ne montraient pas ces Cabaïles, habitants simples et sauvages des montagnes, qui venaient combattre et mourir pour défendre la ville sainte contre les attaques des infidèles? Si la valeur, la science et la discipline étaient du côté du vainqueur, si la fortune a couronné ses efforts, il faut bien avouer qu'il y a eu aussi chez le vaincu, quelque gloire et quelque grandeur.

L'armée avait trouvé dans Constantine des vivres en abondance, et de grands approvisionnements de guerre. Elle y oublia les fatigues et les privations du siége, mais elle eut encore à déplorer des pertes cruelles. Les maladies emportèrent au tombeau plusieurs braves que le feu de l'ennemi avait respectés. Le général Caraman, homme de cœur et de bien, officier plein de vie et d'avenir, fut au nombre des victimes, et sa mort excita dans l'armée de justes regrets.

La population qui avait émigré en masse ne tarda pas à revenir. La domination juste et pacifique des Français sut bientôt dissiper toutes les préventions, et apaiser toutes les haines ; et sans pouvoir l'affirmer d'une manière certaine, je suis convaincu que parmi les habitants de son ancienne capitale, Ahmed-Bey ne compte plus aujourd'hui que fort peu de partisans.

Constantine est une ville de 25 à 30 mille âmes. Comme celles de toute les villes mauresques, ses rues sont sales, étroites et tortueuses : ses maisons ne reçoivent le jour que par une cour intérieure, et n'ont sur la rue, que peu ou point d'ouvertures. Les toits au lieu d'être à terrasse comme à Alger, sont en tuilis, ce qui donne de loin à la ville un aspect généralement triste. On doit attribuer cette différence de construction à la différence des climats. L'hyver est rigoureux à Constantine, la neige y tombe souvent, et le ciel y est presque toujours nébuleux.

Il y a dans la ville peu de monuments qui méritent de fixer l'attention. Le palais du Bey se fait remarquer autant par sa grandeur et sa richesse, que par les formes bizarres de son architecture. Quelques débris de l'ancienne Cyrtha, quelques inscriptions latines qui datent du temps des Romains, attirent encore les regards du voyageur. On admire au confluent du Rummel et du Boumerzoug les formes hardies d'un aquéduc construit par les Romains, et l'on découvre encore sur le Coudiat-Athi quelques traces de ces voies romaines si multipliées dans ce pays, et qui enveloppaient dans leur immense réseau toutes les conquêtes de Rome.

La population est remarquablement belle à Contantine. Il y a dans la figure des hommes, un peu de cette mâle rudesse de l'habitant de la montagne, et quelque chose de cette intelligente vivacité des peuples méridionaux. Les femmes ont des traits fins et expressifs, et singulièrement de douceur dans le regard. Dès les premiers jours de l'occupation, les hommes paraissaient résignés, et les femmes loin d'être effrayées se montraient sensibles à nos hommages, et souriaient avec grâce au vainqueur, et je crois que parmi les traditions glorieuses que notre armée a su rappeler et conserver à Constantine, elle n'a pas laissé perdre cette vieille réputation de galanterie, que nos ancêtres avaient si bien méritée, et qui encore aujourd'hui accuse un des traits les plus saillants du caractère national.

Ici se termine ma tâche de narrateur : s'il m'était permis maintenant de considérer dans ses résultats l'expédition de Constantine, je dirais que je ne crois pas qu'elle ait servi d'autres intérêts que ceux de notre gloire.

Car on ne peut se dissimuler que cette conquête n'est qu'un fait isolé, qui ne se rattache à aucun plan, à aucun système, à aucune combinaison politique ou militaire. Nous avons pris Constantine en 1837, parce que le maréchal Clauzel avait voulu la prendre et n'avait point réussi: nous l'avons gardée, non à cause des avantages que nous en retirerons dans un avenir plus ou moins éloigné, mais pour empêcher nos ennemis de la reprendre, et parce qu'il y aurait eu honte à l'abandonner.

L'occupation de cette ville située dans l'intérieur, et à une grande distance de tous nos établissements, exige un déploiement de forces considérables, et n'aura aucune influence sur nos destinées en Afrique.

Quel est le système du ministère actuel en Afrique? Est-ce le système belliqueux et conquérant du maréchal Clauzel, le système envahissant que le général Bugeaud a exposé à la tribune et dont l'exécution exigerait cent mille hommes, le système d'occupation restreinte et de pacification menaçante du général Damrémont? Je l'ignore, et je crois que ce n'est aucun des trois.

Je crois que le ministère n'a point de système, et qu'il marche en Afrique à la remorque des événements; je crois de plus, qu'il sera difficile de marcher autrement dans un pays où les obstacles surgissent à chaque instant toujours nouveaux, et toujours imprévus.

Mais alors il se trompe, et il trompe aussi les Chambres, quand en leur demandant cette année un effectif de cinquante mille hommes, et un budget de plusieurs millions, il leur fait espérer une diminution dans l'effectif et dans le budget de l'année prochaine.

Je crois que notre position sera l'an prochain la même, sinon plus mauvaise, et nécessitera les mêmes moyens d'action. Je crois que de longues années suffiront à peine pour nous établir en Afrique avec quelque sécurité, et qu'une guerre européenne pourra, même après, et à tout instant, y compromettre nos établissements.

Je crois que dans le tableau qu'il a présenté aux Chambres, de nos établissements en Algérie, le ministère n'a pas exposé sous son jour véritable, et avec assez de netteté notre situation : qu'il a vu les choses à travers un prisme trompeur, qu'il s'est exagéré les avantages et s'est dissimulé les difficultés de l'occupation.

Il me semble aussi, que, dans la dernière discussion des crédits d'Afrique, il s'est montré trop préoccupé des embarras parlementaires du moment, et pas assez des embarras sérieux que la colonie lui suscitera à l'avenir; qu'il a trop fait une question de cabinet, et de majorités, de ce qui ne devait être qu'une question d'intérêt, et de grandeur nationale.

Si la mission providentielle que la France avait à remplir en Afrique, se bornait à détruire un repaire de pirates, et à anéantir un pouvoir fondé sur la rapine et sur le brigandage, certes, on ne doit pas regretter qu'elle ait sacrifié à l'accomplissement de cette glorieuse mission, quelques centaines de millions, et quelques milliers de soldats; mais alors, aujourd'hui que le but est atteint, il est temps de mettre un terme à ces sacrifices. Si, au contraire, elle se croit appelée à régénérer les peuples de l'Algérie, à les constituer, à leur donner la civilisation de nos sociétés européennes, enfin, à tirer parti du sol qu'elle a conquis et de l'industrie de ses habitants, je crains qu'elle ne poursuive une chimère, et que tous ses efforts, tous les sacrifices qu'elle s'impose, ne demeurent sans résultat.

Les Arabes sont aujourd'hui ce qu'ils étaient du temps des Romains, ce qu'ils ont été de tout temps. Quand tous les peuples de la terre ont tour-à-tour étonné le monde, et donné l'impulsion à la civilisation, ils sont, eux, restés stationnaires, et ont conservé leurs habitudes, leurs mœurs, et jusqu'à leurs vêtements. Il ne faut point espérer que le grand mouvement qui paraît s'opérer en Orient, se fera sentir jusqu'au pied de l'Atlas. Une longue expérience a prouvé que les Arabes, même en contact avec les nations civilisées, n'empruntent rien d'elles, et depuis 8 ans que nous occupons l'Algérie, on a bien vu les conquérants prendre les vêtements et les mœurs des vaincus, mais pas un seul indigène adopter le langage et les croyances des vainqueurs.

L'Algérie n'offre pas non plus, comme on l'a prétendu, des positions militaires ou maritimes de quelque importance dans la lutte qui paraît se préparer en Orient. Séparée du théâtre des événements par une distance immense, dépourvue de ports sûrs et commodes, sa position nous sera plutôt à charge, qu'elle ne nous sera utile.

Enfin, dans le cas d'une guerre européenne, elle nécessiterait des garnisons considérables, qui seraient là sans utilité réelle, et dont la présence pourrait devenir indispensable sur nos frontières d'Europe.

Que conclure de là? Qu'il faut abandonner l'Afrique? Cette question a été depuis longtemps résolue par le bon sens public. Nos trésors répandus, le sang de nos soldats versé, ne peuvent aboutir à un abandon honteux, qui serait justement réprouvé par le sentiment national, et qui n'aurait pas d'excuse.

Pour moi, j'aime l'Algérie comme on aime une terre à laquelle se rattachent des souvenirs de gloire nationale, et qui offre à une jeunesse belliqueuse, les occasions, aujourd'hui si rares, de combattre les ennemis du pays; et si je pouvais partager les espérances que les partisans de la colonisation fondent sur son avenir, je dirais au gouvernement: Envahissez, occupez, cultivez, civilisez; dépensez l'or à pleines mains; l'avenir vous dédommagera du présent, et les gouvernements sages, et les grands peuples doivent travailler pour l'avenir.

Mais, je crois que ce serait là pour le pays une source d'incalculables et d'intarissables sacrifices, et je me borne à dire: la France n'a jamais rien à attendre de l'Afrique pour ses intérêts matériels; mais, les considérations d'intérêt doivent s'effacer devant les exigences de l'honneur national. L'Algérie offre à la France le moyen d'aguerrir ses troupes, d'utiliser l'inquiète activité de quelques hommes qui seraient dangereux à l'intérieur, de se débarrasser d'une exubérance de population oisive. La France a raison de tenir à une conquête qui lui a coûté si cher, qui a profité à toutes les nations civilisées, et qui lui imprime à l'extérieur un cachet de puissance et de grandeur. Mais elle doit se borner à occuper le littoral, en entretenant avec l'intérieur des relations commerciales, et en attirant les indigènes par l'appât du gain, et par une politique sage et conciliatrice. De cette manière, l'Afrique absorbera encore une armée de dix à douze mille hommes, et un budget de quelques millions; mais, la France a de nombreuses sources de prospérité. Elle est grande, forte et riche, et peut sans peine supporter ces sacrifices. Elle doit à ses intérêts de renoncer à coloniser et à conquérir, mais, elle doit à sa dignité de conserver ce qu'elle a conquis.

Voilà ce que beaucoup d'hommes éclairés n'ont pas le courage de dire tout haut, et ce qu'il faudra bien finir par reconnaître. Il y a en Afrique des impossibilités de colonisation que le gouvernement n'ose pas s'avouer, parce que l'opinion publique égarée n'en tient pas compte, et contre lesquelles sont venus se briser jusqu'ici, et se briseront encore à l'avenir, les efforts de tous les gouverneurs et de tous les ministères.

FIN.

BIBLIOTHEQUE ROYALE
I

www.ingramcontent.com/pod-product-compliance
Ingram Content Group UK Ltd.
Pitfield, Milton Keynes, MK11 3LW, UK
UKHW021137230726
13926UKWH00002B/850